Plateaux
Cocottes

PLATEAUX COCOTTES

JOSÉ MARÉCHAL
PHOTOGRAPHIES DE CHARLOTTE LASCÈVE
stylisme de Élodie Rambaud

LES PETITS PLATS
MARABOUT
ORIGINAUX & AUTHENTIQUES
DEPUIS L'AN 2000

SOMMAIRE

ASTUCES POUR BIEN CUIRE EN MINI COCOTTES

PORTIONNER

Tailler les ingrédients en plusieurs morceaux plus ou moins à la dimension des mini cocottes pour une cuisson plus rapide, plus juste mais aussi pour déguster plus aisément ces mini plats.

PRÉCUIRE

Saisir les morceaux de viandes, blanchir les légumes à l'eau bouillante, faire revenir ou caraméliser certains fruits avant de terminer la cuisson en cocottes avec un fond de sauce, un bouillon, un vin ou une crème afin que les produits ne se dessèchent pas.

MARINER

Attendrir et parfumer les différents ingrédients cuisinés en cocottes grâce à des condiments, des sauces plus ou moins exotiques, des jus de fruits, du miel, des épices…

CUIRE

Phase finale de la cuisson des cocottes, au four le plus souvent.

Au bain-marie

C'est placer les cocottes dans une plaque à rebords hauts remplie à mi-hauteur d'eau et enfourner à température moyenne (150 °C ou th. 4-5).

Braiser

C'est cuire les ingrédients dans les cocottes remplies à mi-hauteur d'une préparation liquide (bouillon, jus crémeux, marinade, etc.) et d'une garniture aromatique.

Rôtir

C'est cuire à four très chaud des cocottes dont les ingrédients ont été préalablement précuits, blanchis, etc. pour leur donner une jolie couleur dorée.

12
3
6
9
PRECUIRE
CUIRE
PORTIONNER
MARINER

LE POULET, À DÉCLINER SELON SES ENVIES…

Que ce soit avec les restes de votre poulet rôti, des ailerons astucieusement mis de côté, des pilons ou même des filets, voici 6 idées pour réaliser des recettes express de volaille en mini cocotte.

Précuire la volaille si besoin, la mariner ou l'accommoder d'une sauce, de condiments puis cuire en mini cocottes au four (th. 5 ou 6) et ainsi répondre aux goûts de toute la famille !

CURRY DE POULET

Mélanger du yaourt avec un jus de citron et du curry en poudre ou en pâte. Mariner la volaille puis cuire en cocottes. Et pour rester dans le style indien, accompagner cette recette d'un riz basmati.

POULET ANDALUZ

Un pot de sauce tomate et quelques poivrons coupés en lamelles, mijotés quelques minutes dans un bouillon de volaille. Napper généreusement de sauce le fond des cocottes puis disposer les morceaux de poulet précuits et 1 ou 2 tranches de chorizo. Cuire au four.

POULET CHASSEUR

Des champignons, du lard fumé, des petits oignons et du vin blanc pour un style plus automnal. Ces cocottes mijotées avec quelques brindilles de thym et un petit jus de viande sauront joliment préserver tout le succès de ce grand classique.

POULETTE

Inspiré de l'« escalope à la crème », il suffit de précuire des champignons, de les lier généreusement de crème fraîche puis de cuire les morceaux de volaille dans leur cocotte en les nappant de cette crème aux champignons.

POULET AU MIEL ET AUX ÉPICES

Précuire le poulet puis badigeonner ses morceaux de miel et d'un mélange d'épices de votre choix (cannelle, gingembre, cardamome, quatre-épices…). Saupoudrer d'amandes effilées ou d'autres fruits secs puis cuire en cocotte au four avec, si l'on aime, des légumes ou des quartiers de fruits.

POULET SURPRISE

Cette fois-ci, c'est une jolie façon de créer encore plus de surprise avec ses mini cocottes. Toutes les recettes ou presque se prêteront à être habillées de pâte filo, feuilletée, brick ou kadaïf (épicerie grecque, turque ou orientale) et ainsi amuser vos invités.

LA COQUILLE SAINT-JACQUES, À DÉCLINER SELON SES ENVIES...

Préférez des coquilles entières et vivantes, si possible Label Rouge, donc de belle taille et coraillées dont la fraîcheur et le goût sont garantis. Voici quelques idées colorées, épicées, douces ou crémeuses pour les accompagner et les servir en mini cocottes.

Attention : les coquilles Saint-Jacques ne supportent pas d'être trop cuites ; elles seront donc poêlées puis déposées à la dernière minute sur ces quelques garnitures bien chaudes.

PURÉE DE PATATES DOUCES AU LAIT DE COCO

Un peu d'exotisme avec cette purée de patates douces au lait de coco. Son onctuosité et sa finesse épouseront à merveille les coquilles. Parsemer de quelques feuilles de coriandre fraîche et voilà, à coup sûr, des cocottes ensoleillées et savoureuses.

POMMES RATTES ÉCRASÉES AUX OLIVES NOIRES

Une fois cuites, ces jeunes pommes de terre à chair ferme seront épluchées puis écrasées à la fourchette.
Les parfumer généreusement d'huile d'olive et ajouter de petits copeaux d'olives noires.

COURGETTES POÊLÉES AU LARD

Une simple poêlée de courgettes à l'huile d'olive, relevée de fines lanières de lard.

PURÉE DE POMMES DE TERRE AUX FRAMBOISES ET POIVRE DE SICHUAN

Apporter une pointe de douceur et d'acidité à une purée de pommes de terre en lui ajoutant quelques framboises écrasées. Relevée d'un peu de poivre de Sichuan concassé, cette purée accompagnera les Saint-Jacques avec subtilité et élégance.

MOUSSELINE DE POMME VITELOTTE

La pomme vitelotte, colorée et au petit goût de noisette, moulinée avec une autre variété de pomme de terre et un peu de crème fraîche, accueillera volontiers les coquilles Saint-Jacques sur une jolie mousseline mauve.

HOUMOUS AU CUMIN

Une fine purée de pois chiches au tahiné (pâte de sésame), rehaussée de cumin et légèrement adoucie avec de la crème, et le tour est joué !

ŒUFS POCHÉS EN COCOTTE AU BACON

POUR 6 À 8 COCOTTES
préparation : 25 minutes
cuisson : 20 minutes

12 à 16 œufs
6 à 8 tranches de bacon
ou de poitrine de porc fumée
1 l de crème liquide
2 c. à soupe de mascarpone
20 cl de vinaigre blanc
sel et poivre du moulin

La préparation des ingrédients

Sortir les œufs du réfrigérateur 30 minutes avant leur utilisation afin qu'ils soient à température ambiante.

Remplir d'eau une casserole à bord haut et la mettre à chauffer avec le vinaigre jusqu'à frémissements.

Pendant ce temps, casser les œufs séparément dans des ramequins. Les faire glisser délicatement un à un dans l'eau frémissante, les laisser pocher 3 minutes puis les sortir délicatement à l'aide d'une écumoire. Les laisser refroidir 1 à 2 minutes dans de l'eau bien froide. Les égoutter et les disposer sur un papier absorbant.

Émincer finement la moitié du bacon.

Chauffer dans une casserole la crème, le mascarpone et le bacon émincé, poivrer et laisser réduire à feu doux 8 minutes environ.

Le montage des cocottes

Préchauffer le four en position gril (th. 7-8).

Mettre 2 œufs dans chaque cocotte et napper de crème au bacon. Déposer dessus le bacon restant, enfourner et surveiller la cuisson (environ 4 à 5 minutes). Attention : les œufs sont déjà pochés et ne doivent plus cuire ! Seul le bacon doit légèrement griller.

Servir aussitôt les cocottes avec des mouillettes de pain ou comme petit plat du plateau cocotte brunch en les accompagnant d'un petit pain en cocotte (recette page 14) et d'un sabayon d'orange à la cannelle (recette page 12).

SABAYON D'ORANGE À LA CANNELLE

POUR 6 À 8 COCOTTES
préparation : 25 minutes
cuisson : 20 minutes

12 oranges
8 jaunes d'œufs
200 g de sucre en poudre
10 g de cannelle en poudre

La préparation des ingrédients

Peler les oranges à vif.

À l'aide d'un couteau, prélever les suprêmes sans la peau, en prenant soin de récupérer leur jus.

Le montage des cocottes

Répartir les suprêmes d'orange harmonieusement dans les cocottes.

Préchauffer le four à 180 °C (th. 6).

Dans un saladier posé au-dessus d'une casserole d'eau frémissante (bain-marie), travailler énergiquement, à l'aide d'un fouet, les jaunes d'œufs, le sucre en poudre, la cannelle et le jus des oranges jusqu'à ce que le mélange blanchisse, épaississe et double de volume. Compter 15 minutes environ.

Napper généreusement les fruits du sabayon, puis glisser les cocottes dans le four, mettre sur position gril et laisser colorer 2 à 3 minutes environ.

Servir les cocottes en dessert ou comme idée sucrée du plateau cocotte brunch et les accompagner d'un petit pain en cocotte (recette page 14) et d'un œuf poché en cocotte au bacon (recette page 10).

PETITS PAINS EN COCOTTE

+ œufs pochés en cocotte au bacon (voir recette page 10)

+ sabayon d'orange à la cannelle (voir recette page 12)

POUR 8 À 10 COCOTTES
préparation : 40 minutes
repos : 1 heure 30
cuisson : 15-20 minutes

625 g de farine de blé
125 g de farine de seigle ou châtaigne (épicerie bio)
15 g de sel
25 g de levure fraîche
25 cl de bière blonde
25 cl d'eau
1 c. à café de cassonade
de l'huile neutre (pour graisser les cocottes)

La préparation des pains

Réunir tous les ingrédients dans le bol du robot. Pétrir tout doucement jusqu'à ce que tout soit bien mélangé puis augmenter la vitesse et pétrir pendant 10 minutes environ. La pâte doit se détacher du bol et former une masse homogène.

Déposer la boule de pâte sur un plan de travail fariné puis la diviser en deux pâtons.Aplatir chacun d'eux avec la paume de la main puis les enrouler sur eux-mêmes en insistant plusieurs fois pour les allonger et ainsi former deux petites baguettes.

Détailler chacune d'elles en petits morceaux de pâte de 80 g environ. Façonner dans le creux de vos mains et sur le plan de travail chaque petit morceau de pâte en appuyant légèrement afin d'obtenir des petites boules uniformes et sans bulle d'air.

Le montage des cocottes

Badigeonner légèrement les cocottes d'huile puis déposer dans chacune d'elles une boule de pâte. Recouvrir les cocottes de leur couvercle puis réserver les petits pains au réfrigérateur au moins 1 heure.

Sortir les cocottes du réfrigérateur, retirer les couvercles puis faire lever les pains à température ambiante pendant 1 h à 1 h 30 (la pâte doit doubler de volume) ou dans le four préchauffé à 30 °C (th. 1) puis éteint pendant 15 à 20 minutes.

À l'aide d'une passoire fine, saupoudrer légèrement les petits pains de farine puis les cuire 15 minutes au four à 220 °C (th. 7-8) jusqu'à ce qu'ils soient bien dorés.

À la sortie du four, les laisser refroidir quelques minutes avant de les servir, comme ici, sur le plateau cocotte brunch ou pour accompagner toute autre recette salée en mini cocotte en les parfumant, à votre guise, de copeaux d'olives, de lardons, de noix, de tomates séchées, d'origan…

FRITTATA DE LÉGUMES

POUR 6 À 8 COCOTTES
préparation : 20 minutes
cuisson : 45 minutes

2 courgettes
2 carottes
1 poivron rouge
2 oignons
8 œufs
10 cl de crème fraîche liquide
100 g de fromage râpé
1 pointe de piment en poudre
50 g de beurre mou
5 cl d'huile d'olive
quelques herbes fraîches
sel

La préparation des ingrédients

Éplucher les carottes et les oignons. Après les avoir lavés, tailler tous les légumes en petits cubes et ciseler les oignons.

Chauffer l'huile d'olive dans un wok ou une sauteuse puis précuire tous les légumes à feu moyen en remuant bien pendant 10 minutes environ. Les égoutter et laisser refroidir à température ambiante.

Le montage des cocottes

À l'aide d'un pinceau, badigeonner les cocottes de beurre mou.

Dans un grand bol, battre légèrement les œufs, la crème fraîche, le piment en poudre, les herbes ciselées et le fromage râpé. Saler.

Préchauffer le four à 180 °C (th. 6).

Répartir les légumes dans les cocottes aux ⅔ de leur hauteur puis verser les œufs battus à la crème dans chacune d'elles. Placer les cocottes dans un plat à rebord rempli à moitié d'eau et cuire au bain-marie au four pendant 30 minutes environ.

Servir aussitôt les cocottes accompagnées d'une salade verte ou comme petit plat du plateau cocotte végétarien avec une polenta gratinée à la tomate (recette page 18).

POLENTA GRATINÉE À LA TOMATE

+ frittata de légumes (voir recette page 16)

POUR 6 À 8 COCOTTES
préparation : 40 minutes
cuisson : 1 heure 50

Pour la sauce tomate
800 g de tomates pelées
2 oignons
1 branche de thym et 1 feuille de laurier
½ branche de céleri
2 gousses d'ail
1 c. à soupe de concentré de tomates
15 g de sucre en poudre
5 cl d'huile d'olive
sel et poivre du moulin

Pour la polenta
400 g de polenta
1 l de lait
80 g de beurre
10 cl d'huile d'olive
20 g de sel
125 g de parmesan ou de gruyère rapé

La sauce tomate

Éplucher les oignons et l'ail. Émincer les oignons, le céleri, puis écraser l'ail avec la paume de la main après en avoir retiré le germe.

Faire revenir l'ensemble avec l'huile d'olive dans un faitout quelques minutes à feu moyen puis ajouter le concentré de tomates, le sucre, la feuille de laurier et le thym. Ajouter enfin les tomates pelées, saler et poivrer puis laisser mijoter à feu moyen une petite heure. Une fois la sauce tomate cuite, retirer le thym et la feuille de laurier.

La polenta

Dans une casserole, chauffer le lait, le sel, le beurre et l'huile d'olive sur feu moyen jusqu'à ébullition.

Hors du feu, incorporer petit à petit la polenta en pluie en remuant bien à l'aide d'un fouet. Remettre sur feu doux et cuire la polenta quelques minutes, sans cesser de remuer jusqu'à épaississement.

Le montage des cocottes

Répartir sans attendre la polenta dans les cocottes aux ⅔ de leur hauteur puis la lisser avec le dos d'une cuillère.

Préchauffer le four à 180 °C (th. 6). Napper généreusement chaque cocotte de sauce tomate, les parsemer de parmesan ou de gruyère râpé puis les enfourner 15 à 20 minutes environ jusqu'à ce qu'elles soient bien gratinées.

Servir les cocottes en garniture d'une volaille, d'une viande mijotée en sauce ou comme petit plat de ce plateau cocotte végétarien en l'accompagnant de la frittata de légumes (recette page 16) et d'une petite salade d'herbes.

COCOTTE DE CAROTTES AU CURRY ET PAIN D'ÉPICES

POUR 6 À 8 COCOTTES
préparation : 25 minutes
cuisson : 40-45 minutes

800 g de carottes
12 à 16 tranches de pain d'épices
25 cl de lait
25 cl de crème liquide
4 jaunes d'œufs
1 petite c. à café de curry
sel et poivre

La préparation des ingrédients

Éplucher et laver les carottes. À l'aide d'une râpe ou d'une mandoline, les couper en rondelles très fines. Les plonger dans de l'eau bouillante salée 1 à 2 minutes afin de les attendrir puis les refroidir à l'eau fraîche.

Mélanger, dans un saladier, les jaunes d'œufs, le lait, la crème et le curry. Saler et poivrer.

Détailler et arrondir les tranches de pain d'épices afin qu'elles épousent bien les parois des cocottes.

Le montage des cocottes

Préchauffer le four à 170 °C (th. 5-6).

Préparer un bain-marie pouvant aller au four et y placer les cocottes.

Déposer un rond de pain d'épices au fond des cocottes, recouvrir de rondelles de carottes en pressant bien, napper du mélange crémeux puis tapisser de nouveau de pain d'épices.

Terminer avec le reste de crème et enfourner le bain-marie pour 35 à 40 minutes.

Ces cocottes peuvent se déguster aussi bien chaudes que froides, ainsi elles pourront accompagner, dans le plateau cocotte pique-nique, les lentilles colorées et saucisse de Morteau (recette page 22).

+ cocotte de carottes au curry et pain d'épices (voir recette page 20)

POUR 6 À 8 COCOTTES
préparation : 30 minutes
cuisson : 55 minutes

80 g de lentilles vertes
80 g de lentilles noires (épiceries bio ou asiatiques)
80 g de lentilles corail (épiceries bio ou asiatiques)
½ saucisse de Morteau
1 oignon
1 branche de thym
1 feuille de laurier
2 cubes de bouillon de poule (env. 75 cl d'eau)
2 c. à soupe de moutarde en grains
sel

La préparation des ingrédients

Mettre séparément les 3 types de lentilles dans 50 cl d'eau froide salée puis laisser cuire à feu moyen 10 minutes pour les lentilles corail et 20 minutes pour les lentilles vertes et noires.

Pendant ce temps, éplucher et ciseler l'oignon.

Porter le bouillon de poule à ébullition avec l'oignon, le thym, le laurier et la demi-saucisse puis laisser cuire à petits bouillons pendant 10 minutes environ.

Égoutter et rafraîchir les lentilles.

Préchauffer le four à 200 °C (th. 6-7).

Éplucher et détailler la saucisse en demi-rondelles puis filtrer le bouillon à l'aide d'une passoire fine ou d'un chinois et y délayer la moutarde.

Le montage des cocottes

Répartir le mélange de lentilles dans les cocottes, verser le bouillon à mi-hauteur et intercaler les petites tranches de saucisse.

Couvrir et enfourner pour 25 minutes.

Servir aussitôt les cocottes comme entrée chaude ou froide, acompagnées de carottes au curry et pain d'épices (recette page 20), comme dans ce plateau pique-nique.

FLAN DE BROCOLIS ET CHEDDAR

POUR 6 À 8 COCOTTES
préparation : 25 minutes
cuisson : 45 minutes

Pour l'appareil à flan
30 cl de crème liquide
15 cl de lait
6 œufs
3 pincées de sel
3 pincées de poivre

2 brocolis
200 g de cheddar
1 c. à soupe de gros sel

La préparation des ingrédients

Faire chauffer une casserole d'eau avec le gros sel jusqu'à ébullition.

Couper soigneusement les têtes des brocolis et les précuire dans l'eau bouillante salée pendant 7 minutes environ (ils doivent rester fermes et bien verts). À l'aide d'une écumoire, les refroidir dans un bain d'eau glacée puis les réserver sur un papier absorbant.

Dans un saladier, casser les œufs entiers et bien les mélanger avec la crème, le lait, le sel et le poivre.

Le montage des cocottes

Couper quelques morceaux de brocolis (garder les plus beaux) et les répartir dans le fond des cocottes. Recouvrir d'un peu de cheddar.

Disposer enfin soigneusement les brocolis restants, verser le mélange crémeux et terminer par une tranche de cheddar.

Cuire au four à 180 °C (th. 6) pendant 30 minutes environ.

Servir aussitôt les cocottes comme je vous le propose dans le plateau cocotte bistro gourmand avec une cocotte de canard, citron et sauge (recette page 26).

COCOTTE DE CANARD, CITRON ET SAUGE

+ flan de brocolis et cheddar (voir recette page 24)

POUR 6 À 8 COCOTTES
préparation : 25 minutes
cuisson : 40 + 15 minutes

5 ou 6 cuisses de canard confit
4 citrons
200 g de sucre en poudre
1 l d'eau
1 botte de sauge
2 gousses d'ail
100 g de chapelure
30 g de beurre

Les citrons confits

Couper les citrons en six, les mettre à chauffer dans une casserole à feu moyen, avec le sucre et l'eau puis laisser confire jusqu'à la quasi-totale évaporation du liquide. Réserver les citrons à température ambiante dans leur sirop. (Pour gagner du temps, on peut réaliser cette étape la veille ou utiliser des citrons confits.)

Le canard

Sortir le beurre du réfrigérateur pour qu'il soit à température ambiante. Allumer le four à 180 °C (th. 6) et enfourner les cuisses de canard dans un plat à gratin pour les dégraisser au maximum.

Pendant ce temps, effeuiller et laver la sauge, éplucher et hacher les gousses d'ail.

Mélanger, dans un bol, la chapelure, le beurre mou, l'ail et quelques feuilles de sauge ciselées ; malaxer du bout des doigts.

Le montage des cocottes

Sortir le canard du four, désosser les cuisses en prenant soin de conserver des gros morceaux de chair et les répartir dans les cocottes. Couper quelques citrons en petits morceaux et les ajouter au canard. Parsemer de chapelure parfumée et enfourner 15 minutes environ.

À la sortie du four, décorer les cocottes de quelques feuilles de sauge, de citron confit puis les servir aussitôt comme je vous le propose dans ce plateau cocotte bistrot gourmand accompagné d'un flan de brocolos au cheddar (recette page 24).

FILET DE SOLE ET ÉPINARDS, MERINGUE AUX AMANDES

POUR 6 À 8 COCOTTES
préparation : 30 minutes
cuisson : 35 minutes

18 à 24 petits filets de sole
(3 par cocotte)
1 kg d'épinards en branches surgelés
1 petit flacon de sauce pimentée
(chili ou asiatique)
4 blancs d'œufs
50 g de sucre en poudre
120 g d'amandes effilées
sel et poivre

Astuce

Réaliser les cocottes la veille et les conserver au réfrigérateur, recouvertes d'un film alimentaire. Il n'y aura plus qu'à préparer la meringue et cuire les cocottes au dernier moment.

La préparation des ingrédients

Faire décongeler les épinards, la veille, dans une passoire.

Bien presser les épinards afin de retirer toute l'eau et réaliser des petites boules cylindriques (autant que les filets de sole).

Mettre les filets de sole bien à plat sur le plan de travail, saler, poivrer et verser un trait de sauce pimentée sur toute leur longueur. Disposer les boules d'épinards à l'extrémité des filets, puis les enrouler sur eux-mêmes.

Préchauffer le four à 150 °C (th. 5).

Monter les blancs d'œufs en neige puis incorporer le sucre et fouetter de nouveau énergiquement pour obtenir une belle meringue.

Le montage des cocottes

Répartir les filets de sole dans les cocottes, saler, poivrer et rajouter un peu de sauce pimentée entre chacun d'eux. À l'aide d'une spatule, recouvrir les cocottes de meringue et parsemer d'amandes effilées.

Enfourner 25 minutes.

Servir aussitôt comme petit plat ou si vous le souhaitez comme alternative des crevettes et asperges au parmesan dans le plateau cocotte terre et mer (page 32).

COCOTTE DE CREVETTES ET ASPERGES AU PARMESAN

POUR 6 À 8 COCOTTES
préparation : 35 minutes
cuisson : 20 minutes

16 grosses crevettes
2 bottes d'asperges vertes
400 g de parmesan entier
200 g de chapelure
40 cl de crème liquide
sel et poivre

La préparation des ingrédients

Éplucher et précuire les asperges à petits bouillons dans de l'eau salée pendant 10 minutes : elles doivent rester fermes.

Pendant ce temps, décortiquer les crevettes en prenant soin de garder la tête et la queue puis râper le parmesan à l'aide d'un économe ou d'un robot afin d'obtenir de jolis copeaux.

Retirer les asperges de l'eau avec précaution, les refroidir et les égoutter à plat sur un papier absorbant. Les couper en deux, conserver les pointes et mixer le reste avec la crème liquide et un peu de parmesan, saler légèrement et poivrer.

Le montage des cocottes

Préchauffer le four à 180 °C (th. 6).

Répartir la crème aux asperges dans le fond des cocottes.

Passer les crevettes et les pointes d'asperges dans la chapelure et les disposer, têtes en l'air, dans les cocottes ; recouvrir généreusement de parmesan et mettre au four pendant 8 minutes.

Servir aussitôt les cocottes, en entrée ou comme petit plat du plateau cocotte terre et mer, accompagnées d'un crumble au escargots et noix de pétoncles (recette page 32).

COCOTTE CRUMBLE AUX ESCARGOTS ET NOIX DE PÉTONCLES

+ cocotte de crevettes et asperges au parmesan (recette page 26)

POUR 6 À 8 COCOTTES
préparation : 25 minutes
cuisson : 15 minutes

4 douzaines d'escargots (en boîte)
300 g de noix de pétoncles
4 gousses d'ail
1 botte de persil plat
150 g de beurre demi-sel mou
40 cl de vin blanc
8 tranches de pain de mie
80 g d'amandes effilées
sel et poivre

La préparation des ingrédients

Laver puis effeuiller le persil.

Éplucher l'ail et retirer le germe, le hacher finement avec le persil puis mélanger avec le beurre mou dans un petit saladier. Réserver à température ambiante.

Couper le pain de mie en petits dés, le mélanger avec les amandes et faire revenir 2 à 3 minutes à la poêle avec un peu de beurre persillé ; saler et poivrer.

Le montage des cocottes

Préchauffer le four à 200 °C (th. 6-7).

Répartir les escargots et les noix de pétoncles dans les cocottes, saler, poivrer, arroser d'un peu de vin blanc et ajouter une belle noisette de beurre persillé.

Recouvrir avec les croûtons aux amandes et enfourner 8 à 10 minutes.

Servir les cocottes aussitôt comme je vous le propose dans ce plateau cocotte terre et mer avec une cocotte de crevettes et asperges au parmesan (recette page 30).

POMMES GRENAILLES, PETITS OIGNONS ET AIL EN CHEMISE

POUR 6 À 8 COCOTTES
préparation : 35 minutes
cuisson : 45 minutes

700 g de pommes grenailles
1 botte d'oignons nouveaux (avec leurs tiges)
1 tête d'ail
1 branche de romarin (facultatif)
2 cubes de bouillon de volaille
50 g de beurre
3 c. à soupe d'huile d'olive
sel de Guérande et poivre du moulin

La préparation des ingrédients

Bien laver les pommes grenailles puis les essuyer dans un torchon.

Détacher les gousses d'ail (sans les éplucher).

Couper les racines et les extrémités des oignons nouveaux en gardant une petite partie des tiges vertes, les rincer sous l'eau puis les essuyer.

Faire fondre le beurre dans une sauteuse avec l'huile d'olive, ajouter les pommes de terre et les gousses d'ail. Assaisonner et faire revenir 10 minutes environ à feu moyen en remuant bien jusqu'à ce que les pommes grenailles soient légèrement dorées.

Pendant ce temps, porter à ébullition une casserole remplie à moitié d'eau salée puis plonger les oignons 3 à 4 minutes environ afin de les précuire. Les rafraîchir sous l'eau froide et les réserver sur un torchon ou un papier absorbant.

Le montage des cocottes

Préchauffer le four à 150 °C (th. 5).

Effeuiller le romarin sur les pommes grenailles puis les répartir dans les cocottes avec les gousses d'ail et les oignons.

Délayer les cubes de volaille dans 50 cl d'eau chaude puis verser un peu de bouillon dans chaque cocotte.

Enfourner et cuire pendant 20 minutes environ. Vérifier la cuisson des pommes grenailles avec la pointe d'un couteau.

Servir ces cocottes avec du sel de Guérande et du poivre du moulin, comme garniture d'un plat mijoté, d'une viande grillée ou comme petit plat du plateau campagnard, accompagné d'une mini terrine d'agneau aux blettes et fromage de chèvre (recette page 36).

MINI TERRINE D'AGNEAU AUX BLETTES ET FROMAGE DE CHÈVRE

+ pommes grenailles, petits oignons et ail en chemise (voir recette page 34)

Pour 6 à 8 cocottes
préparation : 35 minutes
cuisson : 45 minutes

1 kg d' épaule ou gigot d'agneau désossé
2 bottes de blette
4 crottins de chèvre frais
3 gousses d'ail
4 c. à soupe d'huile d'olive
1 petite c. à café de cardamome en poudre
1 petite c. à café de cumin en poudre
2 œufs
sel et poivre du moulin

La préparation de la farce

Couper l'épaule ou le gigot en gros cubes. Éplucher et dégermer l'ail.

Hacher le tout grossièrement à l'aide d'un hachoir manuel ou électrique (ou demander à son boucher), assaisonner de sel et de poivre puis bien mélanger avec l'huile d'olive, les œufs et les épices. Réserver la farce au réfrigérateur.

La préparation des blettes et du chèvre

Effeuiller les blettes et garder les cardes (tiges) pour une autre recette.

Porter une casserole d'eau bien salée à ébullition. Plonger les feuilles dans l'eau bouillante pendant 2 minutes puis les rafraîchir dans un bain d'eau glacée. Les éponger soigneusement sur un papier absorbant.

Couper les crottins de chèvre en rondelles de 1,5 cm d'épaisseur environ.

Le montage des cocottes

Tapisser les parois intérieures des cocottes de feuilles de blettes en prenant soin d'en laisser retomber en dehors.

Garnir une première couche de farce en tassant bien. Recouvrir d'une fine couche de blettes et d'une ou de deux rondelles de chèvre. Enfin, répartir le reste de farce et rabattre les blettes qui débordent en pressant bien afin de terminer les mini terrines.

Mettre les couvercles et cuire les cocottes au four à 180 °C (th. 6) 40 minutes.

L'avantage de ces mini terrines est de pouvoir les servir encore tièdes avec un chutney d'oignons par exemple ou alors bien froides comme je vous le propose dans ce plateau campagnard, en tranches sur du bon pain et accompagnées de pommes grenailles (recette page 34).

COCOTTE AU PAIN PERDU, CAMEMBERT ET GROSEILLES

POUR 6 À 8 COCOTTES
préparation : 15 minutes
cuisson : 30 minutes

18 à 20 tranches de pain brioché
50 cl de crème liquide
2 camemberts
poivre du moulin
1 pot de gelée de groseilles

La préparation des ingrédients

Détailler et arrondir les tranches de pain brioché afin qu'elles épousent les parois des cocottes.

Couper les camemberts en fines tranches.

Le montage des cocottes

Préchauffer le four à 200 °C (th. 6-7).

Déposer un rond brioché dans le fond des cocottes puis une tranche de camembert, un peu de poivre, et ainsi de suite jusqu'à mi-hauteur. Bien presser et terminer par 1 ou 2 tranches de camembert. Napper de crème liquide et enfourner 15 minutes environ.

Servir les cocottes bien chaudes, accompagnées de gelée de groseilles, d'une salade verte ou comme je vous le propose dans le plateau cocotte fromages et fruits avec un tian de figues et chèvre frais au romarin (recette page 40).

STAUB

POUR 6 À 8 COCOTTES

préparation : 15 minutes

cuisson : 15 minutes

400 g de figues fraîches ou séchées
6 crottins de chèvre frais
2 branches de romarin
10 cl d'huile d'olive
100 g de miel
poivre du moulin

La préparation des ingrédients

Couper les figues et les crottins de chèvre en rondelles.

Si vous utilisez des figues séchées, les hydrater dans de l'eau bouillante au moins 10 minutes avant.

Effeuiller le romarin.

Le montage des cocottes

Préchauffer le four à 200 °C (th. 6-7).

Intercaler les rondelles de figues et de chèvre en couches successives dans les cocottes.

Parsemer de romarin et napper les tians d'un peu d'huile d'olive et de miel.

Poivrer à votre goût puis enfourner 15 minutes environ.

Servir les cocottes bien chaudes avec une salade verte ou comme petit plat de ce plateau fromages et fruits accompagné d'un pain perdu au camembert et groseilles (recette page 38).

STAUB

COCOTTE SOUFFLÉE AUX POMMES

POUR 6 À 8 COCOTTES
préparation : 25 minutes
cuisson : 30 minutes

4 ou 5 pommes (jonagold ou reinette)
50 g de beurre mou
5 blancs d'œufs
40 g de sucre
1 pincée de sel

La préparation des ingrédients

Éplucher, vider et couper les pommes en gros cubes.

Les cuire dans une casserole, à feu moyen, avec la moitié du sucre et un petit verre d'eau, jusqu'à évaporation du liquide, en mélangeant bien de manière à obtenir une compote bien sèche. La verser dans un saladier puis réserver à température ambiante.

Le montage des cocottes

Préchauffer le four à 210 °C (th. 7).

À l'aide d'un pinceau, badigeonner généreusement les cocottes de beurre puis les mettre au réfrigérateur environ 10 minutes.

Monter en neige les blancs d'œufs salés, au fouet ou au batteur, puis les raffermir avec le reste du sucre.

À l'aide d'une spatule en silicone, incorporer délicatement les blancs en neige à la compote.

Remplir les cocottes, lisser à la spatule et, à l'aide du pouce et de l'index, nettoyer les contours pour que la préparation monte joliment à la cuisson (comme un soufflé).Enfourner 12 à 15 minutes.

Servir les cocottes aussitôt, en dessert ou comme gourmandise au moment du thé dans le plateau cocotte tea time, accompagnées d'une zuppa inglesa (recette page 46) et d'un thé bien chaud.

FINANCIER SOUFFLÉ AUX ABRICOTS

POUR 6 À 8 COCOTTES
préparation : 10 minutes
réfrigération : 15 minutes
cuisson : 30 minutes

150 g de beurre + 70 g pour les cocottes
125 g de sucre glace
130 g de poudre d'amandes
8 blancs d'œufs
100 g de sucre en poudre
+ 70 g pour les cocottes
45 g de farine
200 g d'abricots

La préparation des ingrédients

Dans une casserole, faire fondre 150 g de beurre et le laisser colorer légèrement afin d'obtenir un beurre noisette. Réserver et laisser refroidir à température ambiante.

Réunir dans un saladier la poudre d'amandes, le sucre glace et la farine. Incorporer petit à petit 4 blancs d'œufs en mélangeant bien pour éviter les grumeaux. Enfin, ajouter le beurre noisette refroidi, mélanger de nouveau puis incorporer les abricots coupés en petits dés. Réserver la pâte au réfrigérateur.

Le montage des cocottes

À l'aide d'un pinceau, badigeonner les cocottes avec 70 g de beurre mou et les saupoudrer avec 70 g de sucre puis retourner les cocottes en les tapotant légèrement pour retirer l'excédent de sucre. Les mettre au réfrigérateur pour figer le beurre.

Battre au fouet ou au batteur les 4 blancs d'œufs restants en neige puis verser 100 g de sucre et continuer de battre 2 minutes pour raffermir les blancs.

Incorporer, à l'aide d'un fouet, ⅓ des blancs montés à la pâte aux abricots puis avec une spatule, plus délicatement, les ⅔ restants.

Préchauffer le four à 180 °C (th. 6).

Répartir la pâte dans les cocottes jusqu'aux rebords puis lisser à l'aide d'une spatule métallique. Nettoyer les rebords afin que le financier monte uniformément à la cuisson. Enfourner et cuire 20 minutes environ.

Servir les cocottes aussitôt, en dessert ou comme gourmandise au moment du thé dans le plateau cocotte tea time, accompagnées d'une zuppa inglesa (recette page 46) et d'un thé bien chaud.

ZUPPA INGLESA

+ financier soufflé aux abricots (voir recette page 44)

POUR 6 À 8 COCOTTES
préparation : 45 minutes
réfrigération : 1 heure
cuisson : 25 minutes

25 cl de lait
25 cl de crème liquide
½ gousse de vanille
ou 1 c. à café d'extrait de vanille
4 œufs
280 g de sucre en poudre
40 g de chocolat noir
1 génoise ou une trentaine de biscuits à la cuillère
5 c. à soupe de sirop de cerise, de framboise ou d'orange
3 c. à soupe de Campari
10 cl d'eau
100 g de fruits confits en cubes

La préparation des ingrédients

Chauffer la crème, le lait et la vanille dans une casserole à feu doux.

Pendant ce temps, séparer les blancs des jaunes d'œufs puis fouetter énergiquement les jaunes d'œufs avec 120 g de sucre en poudre.

Incorporer la crème et le lait chauds en mélangeant bien. Remettre la crème dans la casserole, sur feu doux, sans cesser de remuer jusqu'à ce que la crème nappe la spatule (attention : la crème ne doit surtout pas bouillir).

Diviser la crème dans deux récipients froids pour stopper la cuisson. Ajouter le chocolat en morceaux dans l'un des deux bols et laisser fondre.

Le montage des cocottes

Dans un bol, mélanger le sirop de fruits, le Campari et l'eau.

Tapisser le fond des cocottes d'une fine couche de génoise ou de biscuits puis, à l'aide d'un pinceau, les imbiber de sirop. Parsemer de quelques fruits confits puis verser une couche de crème au chocolat. Recommencer ces étapes avec la crème vanillée. Réserver au moins 1 heure au frais.

La meringue

Trente minutes avant de servir, monter les blancs d'œufs en neige ferme. Diminuer la vitesse, verser les 160 g de sucre en poudre restants sans cesser de battre afin de bien dissoudre le sucre et obtenir une meringue brillante.

Garnir une poche à pâtisserie de meringue puis décorer les cocottes. Faire dorer légèrement à l'aide d'un chalumeau ou sous le gril du four.

Servir les cocottes aussitôt, en dessert ou comme je vous le propose ici en véritable gourmandise de ce plateau cocotte tea time, accompagné d'un financier soufflé aux abricots (recette page 44) et d'un thé bien chaud.

COCOTTE DE LÉGUMES

POUR 6 À 8 COCOTTES
préparation : 40 minutes
cuisson : 40 minutes

200 g de carottes
150 g de racines de persil ou panais
150 g de topinambours
125 g de pois gourmands
5 fonds d'artichaut
8 oignons frais avec leurs tiges
4 échalotes
½ botte de persil plat
½ botte de coriandre fraîche
½ botte de basilic
125 g de beurre demi-sel
2 cubes de bouillon de légumes dans 50 cl d'eau environ
2 c. à soupe d'huile d'olive
sel et poivre

La préparation des légumes

Éplucher et laver les carottes, les racines et les topinambours puis les couper en gros morceaux. Couper les fonds d'artichaut en quatre, éplucher puis équeuter les pois gourmands et les oignons frais.

Sortir le beurre du réfrigérateur pour qu'il ramollisse et préchauffer le four à 170 °C (th. 5-6).

Dans une casserole à fond épais, faire revenir légèrement tous les légumes dans un peu d'huile d'olive pendant 2 à 3 minutes.

Le montage des cocottes

Répartir les légumes dans les petites cocottes, puis verser le bouillon de légumes, couvrir les cocottes et laisser mijoter au four 30 minutes environ. Surveiller l'absorption du liquide et compléter si nécessaire.

Pendant ce temps, éplucher et ciseler finement les échalotes. Les mélanger dans un bol avec le beurre, saler et poivrer. Réserver à température ambiante.

Laver, effeuiller puis ciseler les herbes fraîches.

Vérifier la cuisson des légumes avec la pointe d'un couteau.

Déposer 1 noix de beurre d'échalotes sur les légumes et parsemer d'herbes fraîches.

Servir aussitôt les cocottes en garniture d'un de vos plats cuisinés ou comme petit plat du plateau cocotte du dimanche soir, accompagnées d'un clafoutis de petits pois, jambon et boursin (recette page 50).

POUR 4 OU 5 COCOTTES
préparation : 15 minutes
cuisson : 25 minutes

3 à 4 tranches de jambon blanc
200 g de petits pois écossés (frais ou surgelés)
70 g de Boursin
1 jaune d'œuf
4 œufs entiers
60 g de Maïzena
15 cl de crème liquide
20 cl de lait
sel et poivre

La préparation des ingrédients

Mettre le Boursin dans un saladier avec le jaune d'œuf, mélanger doucement au fouet en ajoutant les œufs entiers un par un. Incorporer ensuite la Maïzena, puis la crème liquide et le lait petit à petit. Saler, poivrer et réserver au frais.

Préchauffer le four à 180 °C (th. 6).

Tailler le jambon en petits morceaux et le mélanger avec les petits pois.

Le montage des cocottes

Répartir le mélange jambon-petits pois dans les cocottes préalablement disposées sur une plaque à rebord remplie d'eau à mi-hauteur.

Répartir le mélange crémeux au Boursin dans chaque cocotte et enfourner, sans les couvercles, 20 à 25 minutes environ.

Servir les cocottes aussitôt, en entrée ou comme petit plat accompagnées d'une salade verte ou comme je vous le propose dans ce plateau cocotte du dimanche soir avec une cocotte de légumes (voir recette p. 48).

AUBERGINES GRATINÉES À LA PARMIGIANA

POUR 6 À 8 COCOTTES
préparation : 1 heure 15
cuisson : 2 heures

Pour la sauce tomate au basilic
800 g de tomates pelées
2 oignons
4 gousses d'ail
½ botte de basilic
1 c. à soupe de concentré de tomates
15 g de sucre en poudre
5 cl d'huile d'olive
sel et poivre du moulin

3 belles aubergines
200 g de parmesan râpé
150 g de mozzarella
250 g de chapelure
de l'huile d'olive
sel et poivre du moulin

La sauce tomate au basilic

Éplucher et émincer les oignons. Éplucher l'ail, ôter le germe et hacher finement. Faire revenir l'ensemble dans un faitout, à feu moyen avec l'huile d'olive, quelques minutes puis ajouter le concentré de tomates, le sucre et enfin les tomates pelées. Saler et poivrer puis laisser mijoter 1 heure à feu moyen. Une fois la sauce tomate cuite, incorporer le basilic ciselé.

Les aubergines

Couper les aubergines en rondelles de 5 mm, les disposer bien à plat sur une plaque recouverte de papier absorbant, les saler afin de les faire dégorger quelques minutes.

Faire chauffer, dans une sauteuse et à feu moyen, un fond d'huile d'olive. Faire frire les rondelles d'aubergines sur chaque face 2 à 3 minutes pour qu'elles soient bien dorées en rajoutant un peu d'huile d'olive à chaque tournée. Éponger les aubergines sur du papier absorbant et les poivrer légèrement.

Le montage des cocottes

Couper la mozzarella en fines tranches (1 par cocotte). Préchauffer le four à 160 °C (th. 5-6).

Disposer 1 ou 2 rondelles d'aubergines frites dans le fond des cocottes, les saupoudrer de parmesan puis napper de sauce tomate. Répéter cette étape jusqu'en haut des cocottes en ajoutant une tranche de mozzarella au milieu. Terminer par une couche de parmesan râpé.

Cuire les cocottes au four pendant 40 minutes environ.

Servir aussitôt avec une viande ou du poisson ou comme petit plat du plateau cocotte dînette chic, en les accompagnant de petites ravioles de Royan (recette page 54).

RAVIOLES DE ROYAN AU BOUILLON DE POULE

+ aubergines gratinées à la parmigiana (voir recette page 52)

POUR 6 À 8 COCOTTES
préparation : 15 minutes
cuisson : 15 minutes

300 g environ de ravioles de Royan
3 cubes de bouillon de poule dans 75 cl d'eau
1 botte de coriandre fraîche
poivre

La préparation des ingrédients

Porter le bouillon de poule à ébullition dans une casserole.

Préchauffer le four à 170 °C (th. 5-6).

Pendant ce temps, laver et effeuiller la coriandre puis détacher les ravioles.

Le montage des cocottes

Verser le bouillon chaud aux ⅔ des cocottes puis répartir les ravioles.

Parsemer de feuilles de coriandre, poivrer puis couvrir et enfourner 5 minutes environ.

Servir les cocotes aussitôt en entrée ou comme petit plat de ce plateau cocotte dînette chic.

STAUB

TIAN DE SARDINES ET PIQUILLOS

POUR 6 À 8 COCOTTES
préparation : 20 minutes
cuisson : 35 minutes

1 kg environ de filets de sardines fraîches
500 g de piquillos en boîte
4 oignons
2 gousses d'ail
80 g d'olives noires dénoyautées
1 branche de thym
5 cl d'huile d'olive
10 cl de vin blanc
sel et poivre

La préparation des ingrédients

Éplucher les oignons et l'ail. Émincer les oignons et écraser l'ail avec la paume de la main après en avoir retiré le germe.

Faire revenir l'ensemble, dans un faitout, à feu moyen avec l'huile d'olive quelques minutes puis ajouter le vin blanc, la branche de thym et les olives coupées en rondelles. Saler et poivrer puis laisser mijoter à feu moyen pendant 15 minutes environ.

Une fois les oignons bien fondants, retirer la branche de thym.

Le montage des cocottes

Répartir la préparation aux oignons dans le fond des cocottes.

Disposer par-dessus les filets de sardines et les piquillos en alternant les couches.

Cuire les tians dans un four chaud à 210 °C (th. 7) pendant 15 minutes environ.

Servir les tians aussitôt, accompagnés d'une salade verte ou comme petit plat du plateau cocotte bodega en l'accompagnant d'une cocotte de cabillaud et chorizo au coulis de poivrons (recette page 58).

STAUB

COCOTTE DE CABILLAUD ET CHORIZO, COULIS DE POIVRONS

+ tian de sardines et piquillos (voir recette page 56)

POUR 6 À 8 COCOTTES
préparation : 35 minutes
cuisson : 55 minutes

500 g de filet de cabillaud avec la peau
8 tranches de chorizo
4 poivrons rouges
1 c. à café de concentré de tomates
2 gousses d'ail
1 oignon
10 cl d'huile d'olive
sel et poivre

Astuce

Vous pouvez remplacer l'eau dans le coulis par de la crème liquide afin d'obtenir une crème de poivrons plus gourmande…

La préparation des ingrédients

Allumer le four à 220 °C (th. 7-8).

Arroser les poivrons d'huile d'olive. Enfourner 20 à 25 minutes environ : ils doivent être bien grillés et la peau presque brûlée. Les recouvrir d'aluminium et les laisser refroidir à température ambiante.

Pendant ce temps, tailler le cabillaud en gros cubes d'environ 70 g et réserver au réfrigérateur. Éplucher et ciseler l'ail et l'oignon.

Ouvrir les poivrons en deux, retirer le pédoncule et les pépins puis la peau. Dans une casserole, chauffer le reste d'huile d'olive, faire revenir l'ail et l'oignon (sans coloration) 3 à 4 minutes, puis ajouter la chair des poivrons, le concentré de tomates et 10 cl d'eau. Saler, poivrer, bien mélanger et laisser cuire 5 minutes.

Retirer du feu et mixer le tout afin d'obtenir un coulis (rajouter un peu d'eau si le mélange semble trop épais).

Le montage des cocottes

Verser le coulis dans les cocottes à mi-hauteur puis disposer au centre 1 morceau de cabillaud et 1 tranche de chorizo. Saler, poivrer légèrement, couvrir et mettre les cocottes au four 20 minutes.

Servir le cocottes aussitôt, comme dans ce plateau cocotte bodega, accompagnées d'un tian de sardines et piquillos (recette page 56).

CORTADILLO DE CIDRA
INES ROSALES
MARCA REGISTRADA
c/ Real, 102
Castilleja de la Cuesta
STAUB
STAUB

COCOTTE DE PORC AU CARAMEL

POUR 6 À 8 COCOTTES
préparation : 30 minutes
marinade : 30 minutes
cuisson : 30 minutes

1,2 kg de filet mignon de porc (ou échine)
5 c. à soupe d'huile
2 oignons
100 g de gingembre frais
200 g de sucre semoule
8 à 10 cl de sauce soja (foncée aux champignons = moins salée)
50 g de graines de sésame

La préparation des ingrédients

Couper le filet mignon ou l'échine en petits cubes d'environ 1,5 cm de côté.

Chauffer un peu d'huile à feu vif, dans une poêle ou un wok, puis saisir tous les morceaux de viande 1 à 2 minutes. Les réserver hors du feu.

Dans une casserole, chauffer le sucre et un peu d'eau sur feu moyen jusqu'à l'obtention d'un caramel.

Pendant ce temps, éplucher et hacher les oignons et le gingembre au mixeur.

Lorsque le caramel est brun, le retirer du feu puis lui ajouter délicatement la sauce soja et la purée oignon-gingembre. Bien mélanger à l'aide d'une spatule en bois et remettre sur feu doux pour dissoudre l'ensemble pendant 2 minutes environ.

Verser la sauce au caramel sur les morceaux de viande et bien mélanger. Réserver au réfrigérateur et laisser mariner 30 minutes au moins.

Le montage des cocottes

Préchauffer le four à 180 °C (th. 6).

Répartir la viande marinée dans les cocottes, ajouter un peu d'eau pour une meilleure cuisson puis enfourner 20 à 25 minutes environ.

À la sortie du four, parsemer les cocottes de graines de sésame et servir aussitôt.

Accompagné d'un riz basmati, ce porc au caramel en mini cocottes pourra lui aussi, composer une idée de plateau asiatique (page 66).

CRUMBLE DE BOUDIN NOIR, POIRES ET GINGEMBRE

POUR 6 À 8 COCOTTES
préparation : 25 minutes
cuisson : 30 minutes

Pour le crumble
250 g de farine
125 g de beurre
50 g de sucre cassonade
2 pincées de sel
2 jaunes d'œufs

600 g de boudin noir
4 poires
50 g de gingembre frais
2 c. à soupe de miel
20 g de beurre

La préparation des ingrédients

Du bout des doigts, mélanger le beurre mou, la farine, la cassonade, les jaunes d'œufs et le sel. Sabler la pâte sans la pétrir et réserver au réfrigérateur.

Retirer la peau des boudins et émietter la chair.

Éplucher les poires, les épépiner et les couper en petits dés.

Éplucher puis hacher finement le gingembre.

Faire fondre, dans une poêle ou un wok, le miel et le beurre puis y faire revenir le gingembre haché pendant 2 minutes environ. Ajouter les dés de poires et cuire à feu moyen quelques minutes de plus.

Hors du feu, incorporer la chair de boudin et bien mélanger.

Le montage des cocottes

Préchauffer le four à 180 °C (th. 6).

Répartir la chair de boudin aux poires dans les cocottes à mi-hauteur puis émietter le crumble dessus. Enfourner et cuire pendant 20 minutes environ.

Accompagné d'un flan d'ananas et coco (recette page 64), ce crumble de boudin noir, poires et gingembre pourra lui aussi, composer une idée de plateau asiatique (page 66).

FLAN D'ANANAS ET COCO

POUR 6 À 8 COCOTTES
préparation : 25 minutes
cuisson : 50 minutes

1 ananas
60 cl de lait concentré non sucré
80 cl de lait de coco
200 g de sucre en poudre
80 g de noix de coco en poudre
6 œufs

La préparation des ingrédients

Peler l'ananas à vif. Retirer les « yeux » qui pourraient rester.

Le couper ensuite en quatre dans le sens de la longueur, ôter le cœur du fruit puis découper chaque quartier en petits dés de 1 cm environ.

Dans une casserole, chauffer à feu moyen le lait concentré et le lait de coco.

Pendant ce temps, bien battre ensemble les œufs, le sucre et la noix de coco râpée. Verser le lait chaud en mélangeant bien afin de dissoudre l'ensemble.

Le montage des cocottes

Préchauffer le four à 170 °C (th. 5-6).

Garnir les cocottes aux ⅔ de leur hauteur avec les dés d'ananas puis répartir la crème coco.

Placer les cocottes dans une plaque à rebord remplie à moitié d'eau et cuire au bain-marie au four pendant 30 à 40 minutes.

Bien laisser refroidir avant de servir les cocottes, simplement en dessert ou accompagnées d'un clafoutis d'avocats au thon et ainsi composer le menu du plateau cocotte exotique (recette page 66).

STAUB
STAUB
STAUB
STAUB

CLAFOUTIS D'AVOCAT AU THON

+ flan d'ananas et coco (voir recette page 64)

POUR 6 À 8 COCOTTES
préparation : 20 minutes
cuisson : 30 minutes

600 g de filets de thon rouge
50 cl de lait
50 cl de crème liquide
3 beaux avocats
5 œufs
2 jaunes d'œufs
100 g de Maïzena
3 pincées de curry
1 c. à café de sel
2 pincées de poivre
60 g de sésame

La préparation des ingrédients

Détailler le thon en cubes d'environ 3 cm de côté. Les réserver au réfrigérateur.

Couper les avocats en deux dans le sens de la longueur, ôter les noyaux et, à l'aide d'une cuillère à soupe, extraire toute la chair. La couper en dés et réserver la moitié pour le montage des cocottes.

Mixer le reste avec le lait, la crème, les œufs entiers, les jaunes, la Maïzena, le curry, le sel et le poivre. Vérifier l'assaisonnement.

Le montage des cocottes

Préchauffer le four à 170 °C (th. 5-6).

Répartir les dés d'avocats dans le fond des cocottes, verser dessus le mélange crémeux puis disposer soigneusement les cubes de thon.

Parsemer de sésame, enfourner et cuire pendant 30 minutes environ.

Servir les cocottes aussitôt, comme par exemple sur ce plateau « exotique » accompagnées d'un riz basmati et d'un flan d'ananas et coco (recette page 64).

POMMES D'AMOUR… UNE AUTRE VERSION

POUR 6 À 8 COCOTTES
préparation : 30 minutes
cuisson : 25 minutes

6 à 8 pommes
(fermes et pas trop grosses)
50 cl de grenadine
1,5 l d'eau
250 g de fruits séchés (abricots, pruneaux, figues, raisins)
80 g de fruits secs (pistaches, amandes, pignons)
100 g de confiture de fraises ou de framboises
200 g de pâte kadaïf (facultatif)
(épicerie grecque, turque ou orientale)
ou de vermicelles chinois (cheveux d'ange)

La préparation des ingrédients

Dans une casserole, porter l'eau et la grenadine à ébullition.

Pendant ce temps, à l'aide d'un épluche-légumes, ôter soigneusement le pédoncule des pommes. Les réserver pour le montage.

Éplucher puis vider les pommes de l'intérieur.

Pocher les pommes dans le sirop à la grenadine jusqu'à ce qu'elles soient bien rouges et pratiquement cuites en les tournant de temps en temps.

Couper les fruits séchés en petits dés puis les mélanger aux fruits secs et à la confiture.

Garnir une poche à pâtisserie de ce mélange.

Le montage des cocottes

Préchauffer le four à 200 °C (th. 6-7).

Tapisser le fond des cocottes d'un peu du mélange aux fruits.

Placer dessus les pommes pochées afin de les stabiliser puis les farcir avec le reste du mélange. Replacer soigneusement les pédoncules sur chacune d'elles.

Enrouler un petit rouleau de pâte kadaïf sur chaque pomme.

Enfourner et cuire pendant 15 minutes environ jusqu'à ce que les cheveux d'ange soient bien dorés.

Servir les pommes d'amour en dessert avec une glace vanille par exemple ou comme gourmandise à partager, accompagnée de filets de caille au foie gras, chutney de bananes et crumble de pain d'épices (recette page 70) pour un plateau en amoureux !

STAUB
STAUB
STAUB
STAUB

FILETS DE CAILLE ET FOIE GRAS, CHUTNEY DE BANANES ET CRUMBLE DE PAIN D'ÉPICES

+ pommes d'amour… une autre version (voir recette page 68)

POUR 6 À 8 COCOTTES
préparation : 25 minutes
cuisson : 35 minutes

Pour le chutney
6 bananes mûres
60 g de raisins secs
8 cl de vinaigre blanc
1 petite c. à café de curry en poudre
30 g de gingembre frais
100 g de sucre cassonade
du poivre du moulin

8 filets de caille (avec la peau et les ailerons)
200 g environ de foie gras mi-cuit
30 g de beurre
5 cl d'huile neutre
5 tranches de pain d'épices
sel et poivre du moulin

Le chutney de bananes

(À préparer à l'avance, c'est mieux !)

Éplucher les bananes et le gingembre.

Râper finement le gingembre puis couper les bananes en rondelles.

Réunir le tout dans une casserole avec le sucre, le vinaigre, les raisins, le curry et un peu de poivre du moulin puis cuire à feu doux pendant 20 minutes environ, en remuant de temps en temps afin d'obtenir une marmelade assez épaisse.

Les filets de caille

Dans une poêle, chauffer le beurre et l'huile puis faire revenir les filets de caille 2 minutes de chaque côté. Assaisonner puis réserver les filets sur un papier absorbant.

Le montage des cocottes

Préchauffer le four à 180 °C (th. 6).

Tailler le pain d'épices en petits dés. Répartir un peu de chutney dans le fond des cocottes, disposer par-dessus une petite tranche de foie gras et enfin les filets de caille et quelques dés de pain d'épices.

Enfourner et cuire pendant 10 minutes environ.

Servir aussitôt pour commencer un repas de fête, lors d'un apéro chic ou comme je vous le propose dans ce plateau des amoureux, servis en duo et accompagnés d'une pomme d'amour (recette page 68)… à partager !

MOET

REMERCIEMENTS

Un grand merci à Charlotte et Élodie pour leur énergie, leur bon goût mais aussi pour leur gourmandise !

Je tiens également à remercier mes complices de cuisine, Carine, Jérome et André pour leur disponibilité.

Et bien sûr, merci à Christophe, à l'équipe du Café Noir et à l'équipe de Marabout.

SHOPPING

STAUB : www.staub.fr

CHASSEUR : www.invicta.fr

REVOL : www.revol.fr

LE CREUSET : www.lecreuset.com

ÉMILE HENRY : www.emeilehenry.com

MAUVIEL : www.mauviel.com

WMF : www.wmf.fr

ROBERT WELCH DESIGN : www.robertwelch.com

LES COUTEAUX CECCALDI : www.couteaux-ceccaldi.com

MORA : www.mora.fr

DEHILLERIN : www.e-dehillerin.fr

SAGAFORM : www.sagaform.com

ALEXANDRE THURPAULT : www.alexandre-turpault.com

THE CONRAN SHOP : www.conranshop.fr

MITHEIS : www.mitheis-austrianbrand.at

LES PEINTURES RESSOURCE : www.ressource-peintures.com

Dépôt légal : Février 2010

ISBN : 978-2-501-06339-5

40-3657-0

Imprimé en Chine par Leo Paper

staub
Plateau
Cocott